MÉMOIRE

A S. E. MONSEIGNEUR

LE MINISTRE DE L'INTÉRIEUR,

POUR

M. Auguste DE SAINT-GERMAIN, *proprié-taire, demeurant à Fougères, et made-moiselle Olive* DE SAINT-GERMAIN, *propriétaire, demeurant à Paris;*

CONTRE

Monsieur le Curé de la Paroisse de Saint-Léonard, à Fougères.

Le scandale est dans l'injustice; il n'est pas dans une juste réclamation.

Sous l'empire de notre législation actuelle, le clergé est-il donc en France un corps isolé dans l'Etat? Est-il in-dépendant, absolu? N'est-il soumis à aucune règle, à aucune loi?

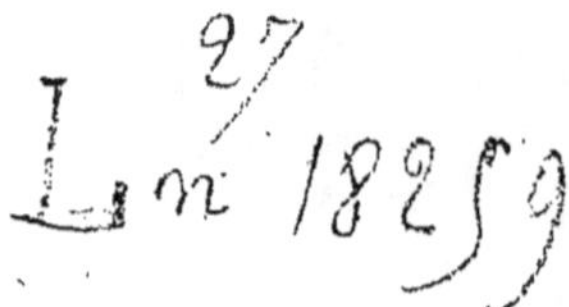

Les prêtres peuvent-ils, revêtus d'une autorité sans bornes, refuser arbitrairement et au gré de leur caprices les honneurs de l'église à tel ou tel citoyen ?....

Peuvent-ils, suivant leur bon plaisir, compromettre l'honneur des familles, diffamer la mémoire des citoyens ? Peuvent-ils enfin, sans que rien les arrête, troubler arbitrairement les consciences par des procédés qui dégénèrent, à l'égard de ceux contre lesquels on les emploie, en oppression, en injures, ou en scandale public ?...

Non, hâtons-nous de le dire, pour n'être pas soupçonné de mauvaise foi ; hâtons-nous de le reconnaître, pour rassurer les esprits, qu'une telle monstruosité ne manquerait pas d'alarmer ; hâtons-nous de l'avouer sur-tout, pour la gloire de nos institutions !

Non, ce Pacte national, qui a su

> .... raffermir par un accord heureux,
> Des peuples et des rois les légitimes nœuds,
> Et faire encor fleurir la liberté publique
> Sous l'ombrage sacré du pouvoir monarchique ;

non, la Charte, dans laquelle tout Français, quel que soit son état ou son rang, trouve ses devoirs écrits à côté de ses droits, n'admettant point en France de corps privilégié, n'a pu excepter le clergé de la règle commune.

C'est ce que l'on démontrera bientôt, lorsqu'après avoir exposé les faits, on discutera les deux propositions suivantes :

1.º *Les ecclésiastiques ne peuvent refuser, sans motifs légitimes, de prêter leur ministère, quand ils en sont légalement requis ;*

2.º *M. le Curé de Saint-Léonard n'avait pas de motifs légitimes pour refuser les honneurs de l'église à M. de Saint-Germain, et, sous aucun rapport, il ne peut se dispenser de célébrer le service demandé.*

(3)

FAITS.

Sur la fin de février 1817, M. Gabriel de SAINT-GERMAIN, qui alors avait atteint sa trente-cinquième année, fit une chûte violente qui lui occasionna une plaie assez grave à la partie antérieure du crâne.

Cet accident produisit un dérangement considérable dans son cerveau, et, depuis cette époque, son jugement s'aliéna par degrés : il tomba dans une mélancolie profonde; son esprit ne lui présentant que des objets sinistres, il conçut un grand dégoût pour la vie.

Confié de suite aux soins d'un chirurgien habile qui, remarquant que la maladie qui se développait chez M. de Saint-Germain avait tous les caractères d'une *monomanie*, sut en prévenir les suites par un traitement conforme à la position du malade, qu'il eut la précaution de faire surveiller, pour prévenir les suites funestes du délire.

Avant sa chûte, M. de Saint-Germain n'avait donné aucun signe d'aliénation mentale; de sorte que l'on ne peut réellement attribuer cette manie qu'à la plaie qu'il se fit au front. C'est aussi l'opinion du chirurgien qui le traita, comme il l'énonce lui-même par le certificat joint à la procédure sous le n.º 1, dans lequel il s'exprime en ces termes :

« Cette maladie nous parait avoir été la suite d'une » chûte violente et d'une plaie assez grave qu'il se fit à » la partie antérieure du crâne ».

Quelle autre cause, en effet, pourrait-on assigner à la *fureur maniaque* de M. Gabriel de Saint-Germain ?

Né de parens distingués, possesseur d'une fortune indépendante, doué d'un heureux caractère, tout concourait à lui procurer une agréable existence. Parvenu à un âge où les passions, affaiblies par la raison qui les maîtrise, débarrassent l'homme de leur influence tyrannique, il n'avait point de desirs qu'il ne pût satisfaire; rien ne pouvait lui inspirer le dégoût de la vie qu'il n'a vraiment éprouvé que depuis sa chûte.

Cependant, prédisposé peut-être à la monomanie par un tempérament *nervoso-sanguin*, M. de Saint-Germain, qui jusqu'alors n'avait éprouvé aucun accès de ce *délire suicide*, en ressentit des attaques fréquentes, qui prenaient de plus en plus un caractère alarmant.

Mais laissons les gens de l'art qui l'ont traité raconter eux-mêmes les progrès de cette maladie.

M. Leverdays, docteur-médecin à Mortain, dans son certificat s'exprime ainsi :

« Je soussigné docteur-médecin certifie avoir été appelé, » le 27 février 1817, chez M. de Saint-Germain (Gabriel- » François), domicilié à Fougères, âgé d'environ trente- » cinq ans, d'un tempérament nervoso-sanguin, et l'avoir » traité dans un accès de manie périodique avec délire. Je » certifie en outre avoir été consulté depuis cette époque » plusieurs fois, et l'avoir vu éprouver des agitations, des » inquiétudes vagues, des terreurs, des insomnies, des » idées insolites et autres symptômes, avant-coureurs d'un » accès de manie dont le développement a été prévenu par » des traitemens appropriés.

» Enfin j'atteste que, dans le mois de février dernier » (1820), il est encore venu me consulter à Mortain, et » que, pendant la consultation, il témoigna plusieurs fois » le plus grand dégoût pour la vie.

» Délivré à Mortain, le 1.er octobre 1820.

LEVERDAYS ».

M. Pierre, chirurgien en chef de l'hospice civil de Fougères, atteste les mêmes faits dans un certificat du 4 octobre 1820, qui se trouve à la procédure sous le n.° 3.

Déjà sans doute ces attestations, données par les seules personnes qui pussent constater l'état de M. de Saint-Germain avec connaissance de cause, suffisent pour démontrer jusqu'à l'évidence, à toutes personnes dégagées de prévention, que cet individu était dominé par une infirmité affligeante qui le privait de sa raison, et le mettait dans l'impossibilité d'apprécier ses actions.

Le 27 avril dernier, la maladie de M. de Saint-Germain se manifesta avec des symptômes beaucoup plus effrayans que dans les accès précédens. La conduite du malade, dans cette déplorable journée, suffirait seule pour démontrer l'état d'aliénation mentale de cet infortuné.

Ecoutons douze habitans notables de Fougères raconter eux-mêmes ces faits, dont ils ont été les tristes témoins :

« Les soussignés, attestent que monsieur Gabriel de
» Saint-Germain a donné, depuis plusieurs années, et
» à différens intervalles, des traits de démence les plus
« caractérisés, notamment le vingt-sept avril 1820, jour
» où il s'est suicidé; que cette démence avait le caractère
» le plus sombre et le plus mélancolique; qu'entouré de
» ceux qui avaient toujours possédé sa confiance et son
» amitié, il ne voyait que des ennemis.

» Les faits suivans, choisis entre une infinité d'autres,
» viennent à l'appui de cette assertion :

» Ledit jour 27 avril, étant à dîner chez madame veuve
» Garnier, propriétaire, demeurant à Fougères, où il
» prenait sa pension, il prétendit que les desserts, qui
» étaient placés de la manière ordinaire, étaient ainsi
» disposés pour l'insulter, et qu'il y voyait la preuve qu'il
» était l'objet de la haine de tout le monde.

» Le même jour, étant dans la société d'hommes res-
» pectables par leurs âges et leur moralité, et dont il
» faisait partie, il prit un journal, le parcourut, et ensuite
» le froissa entre ses mains, et le jetta loin de lui, en
» disant : Qu'il trouvait son nom par-tout, et qu'on le
» diffamait jusque dans les journaux.

» Etant allé chez madame veuve Pêche, aubergiste, il
» prit un de ses amis en particulier, et le pria de voir
» s'il n'avait pas une bouteille dans le dos; et sur l'assu-
» rance que son ami lui donna que le fait était faux, il
» tira son habit pour s'en convaincre, et ne fut point
» encore dépersuadé.

» Dans tout le cours de cette après-midi il ne cessa de
» dire à tous ceux avec qui il se trouva, qu'il était bien
» malheureux; que tout le monde lui en voulait; que l'on
» se compromettait à se trouver avec lui.

» Les protestations d'amitié que l'on ne cessa de lui
» prodiguer, ne lui paraissaient qu'autant de fourberies :
» quelquefois cependant il accueillait ses amis, et de suite
» les repoussait avec un regard farouche.

» Au reste, le billet écrit de sa main, quelques momens
» avant sa mort, et qui est déposé chez monsieur le pro-
» cureur du roi, prouve, jusqu'à l'évidence, que monsieur
» de Saint-Germain était dans un état complet de dé-
» mence.

» En foi de quoi nous avons fait le présent, pour servir
» et valoir où besoin sera.

» Fougères, ce onze octobre mil huit cent vingt.

BIARD, v.^e GARNIER. BILLOT. PÊCHE, v.^e LEHA-
RIVEL. Ve PÊCHE. F. LEHARIVEL. MABILLE fils.
CHAUVIN. COUETTE. HUBAUDIÈRE. DENOUAL.
LEPAYS-DU-TEILLEUL. PIEL.

» Nous, adjoint de la Mairie de Fougères, certifions
» véritables les signatures Biard v.ᵉ Garnier, Billot, Pêche
» veuve Leharivel, v.ᵉ Pêche, F. Leharivel, Mabille fils,
» Chauvin, Couette, Hubaudière, Denoual, Lepays-du-
» Teilleul, et Piel, apposées ci-dessus.

» Fougères, le onze octobre mil huit cent vingt.

LELIÈVRE-DE-LA-GEMÉRAIS, *adjoint* ».

Telle fut la fin déplorable du malheureux de Saint-Germain, qui, ne pouvant plus soutenir une existence que son
délire lui rendait insupportable, entra chez lui pour se détruire, et le fit, après avoir lui-même constaté par écrit la
manie dont il avait donné tant d'autres preuves certaines.

M. le procureur du roi s'étant emparé de tout ce qui
pouvait servir à démontrer que la mort violente de Monsieur de Saint-Germain n'avait rien de criminel, s'est res-
saisi du billet dans lequel le défunt exprime son malheur :
« Il est déshonoré; personne ne peut le voir sans rougir ;
» poursuivi de toutes parts, il serait bientôt saisi : ainsi,
» pour éviter l'infamie, il ne lui reste qu'un moyen, c'est
» de s'arracher une vie, l'objet de tant de poursuites et de
» persécutions ».

Le bruit de sa mort se répandit promptement dans Fougères, où M. de Saint-Germain était généralement estimé.

On apprend cet événement sans surprise, mais non sans
la plus vive douleur, et pour témoigner les regrets que
fait naître ce funeste accident, on se dispose à rendre les
derniers devoirs à M. de Saint-Germain, et chacun se
propose d'accompagner sa dépouille mortelle à l'église pa-
roissiale.

Mais, ô surprise! ô indignation! ô scandale!..... Les
Ministres du culte, les Apôtres du Seigneur, ceux-là qui
tous les jours prêchent la modération, l'oubli des fautes

et la charité, la première des vertus théologales; ceux que l'on s'est fait une douce habitude de respecter, en les considérant comme les Organes de la Divinité, comme les Médiateurs entre nous et le Ciel; les prêtres chargés par une sainte vocation de faire aimer et chérir la religion, refusent de célébrer l'office funèbre. On les entend d'une voix faible et mal assurée repousser le vœu général par un paradoxe, ou plutôt par une hérésie.

M. de Saint-Germain est un suicide, osent-ils avancer!

D'un accord unanime, et par un mouvement spontané, tous les habitans de Fougères, s'appuyant sur les faits caractéristiques de la maladie du défunt, s'empressent de détruire cette supposition diffamante; mais les prêtres s'étaient prononcés, et l'expérience ne prouve que trop combien certaines gens tiennent à ne pas s'être trompées : l'on sait aussi que cette ténacité les empêche presque toujours de revenir sur leur première opinion, même lorsqu'il est impossible qu'elles ne soient pas désabusées.

Cependant, ce refus n'étant encore sorti que de la bouche des vicaires de la paroisse de Saint-Léonard, agissant pour M. le Curé, absent, les principaux habitans de Fougères s'empressent d'attester, dans un certificat que l'un d'eux se charge de porter au Curé, qu'ayant été témoins des actes de la fureur de M. de Saint-Germain, ils sont certains que le suicide est l'effet d'une maladie de cerveau, d'un dérangement dans les organes intellectuels du défunt; que, par conséquent, sa mort est accidentelle et non volontaire.

M. Fortin-des-Buffards, officier retraité, chevalier de la Légion d'honneur, et membre du conseil municipal de Fougères, se rend auprès de M. le curé, auquel il remet, 1.º une lettre du frère de M. de Saint-Germain, par laquelle il le suppliait d'avoir égard à la maladie qui avait entraîné son frère au suicide; 2.° un certificat de M. Pierre, chirurgien en chef de l'hospice, qui atteste l'existence du *délire suicide;* 3.° enfin, le certificat des douze notables. M. Frontin-des-Buffards joignit à cela ses instances particulières, et attesta personnellement sur son honneur la vérité de tous les faits mentionnés dans les certificats dont il était porteur.

M. le curé, après avoir lu plusieurs fois toutes ces pièces, et questionné M. des Buffards à différentes reprises sur l'état de M. de Saint-Germain avant et au moment de sa mort, et après avoir aussi interrogé sa conscience, on doit le penser du moins, accorda enfin l'autorisation demandée, et fit connaître ses intentions à MM. ses vicaires, en leur écrivant de procéder le lendemain à l'inhumation du défunt.

Tous ces faits sont prouvés par la pièce suivante :

« Je soussigné, certifie qu'après le refus de Messieurs les » vicaires de la paroisse de Saint-Léonard, de Fougères, » de procéder à l'inhumation du corps de M. Gabriel de » Saint-Germain, décédé le 27 avril 1820, je me suis trans- » porté, d'après l'invitation de M. le chevalier de Saint- » Germain, son frère, à Landevi, pour y réclamer auprès de » M. le Curé de Saint-Léonard les cérémonies de l'église.

» Je lui ai remis un certificat de M. Pierre, chirurgien » de l'hôpital de Fougères, et une lettre de son frère, » constatant l'état d'aliénation mentale où il se trouvait » lorsqu'il s'est donné la mort. La vérité des faits men- » tionnés dans cette lettre était attestée par plusieurs no- » tables de Fougères, entre autres par MM. La Porte, » Dugendry, de Mesenge père, du Teilleul, la Faucil- » lonnais, etc.

» Monsieur le Curé, après avoir lu plusieurs fois toutes » ces pièces, et m'avoir interrogé sur l'état du malheu-

» reux Gabriel de Saint-Germain, au moment et avant
» sa mort, écrivit au bas de la lettre une invitation à Mes-
» sieurs ses vicaires de procéder le lendemain à l'enterre-
» ment.

» En foi de quoi j'ai délivré le présent comme sincère
» et véritable.

» Fait à Fougères, ce 4 octobre 1820.

» FRONTIN-DES-BUFFARDS,

» *Membre du Conseil municipal, Chevalier*
» *de la Légion d'honneur.*

» Nous, adjoint de la mairie de Fougères, certifions
» véritable la signature Frontin-des-Buffards apposée ci-
» dessus.

» Fougères, le 11 octobre 1820.

» LELIÈVRE-DE-LA-GEMERAIS, *adjoint* ».

D'après cette promesse de M. le Curé, personne ne
doutait que les ecclésiastiques de Saint-Léonard ne célé-
brassent l'enterrement du malheureux de Saint-Germain.
Le jour et l'heure de la cérémonie étaient fixés; elle
devait avoir lieu le 29 avril, à onze heures du matin. On
se disposait à s'y rendre, lorsque M. des Buffards reçut
la lettre suivante :

« MONSIEUR,

» Le triste événement qui vous conduisit hier à Landivi
» m'a ramené précipitamment à Fougères. J'ai voulu pren-
» dre par moi-même et sur les lieux tous les renseignemens

» dont j'avais besoin dans une pareille circonstance, pour
» ne rien faire contre ma conscience et les règles de mon
» ministère. Autant j'aurais eu de plaisir à faire quelque
» chose qui pût vous être agréable, autant il m'en coûte
» de vous dire aujourd'hui que nous ne pouvons, en au-
» cune manière, assister à l'inhumation de M. de Saint-
» Germain.

  » Je suis avec un profond respect,

» Monsieur,

  » Votre très-humble et très-obéissant serviteur,

  » GAULTIER, *Curé de Saint-Léonard* ».

Fougères, 29 avril 1820.

Il est impossible de décrire l'effet que produisit cette lettre, arrivée au moment où l'on se disposait à se rendre à la pompe funèbre.

A la consternation qui d'abord s'empara des esprits, succéda l'indignation, qui n'a fait place à aucun autre sentiment. Chacun, dans les transports qui l'agitent, veut se rendre compte de la conduite du Curé de Saint-Léonard; on se demande quel motif a pu le porter à rétracter la parole qu'il avait donnée la veille.

Les faits attestés par les certificats produits sont notoirement connus à Fougères. Ne le fussent-ils d'ailleurs que des signataires de ces certificats, le témoignage de ces honorables citoyens suffirait pour prouver ces faits, sans que l'on pût concevoir le plus léger doute sur leur existence; car, à moins de pousser le cynisme au-delà même de ses bornes, on ne peut refuser d'ajouter une foi entière à des signatures aussi recommandables.

Déjà l'on connaît celui qui s'est le plus vivement intéressé à la famille de Saint-Germain, celui qui est allé à quatre lieues de Fougères instruire le Curé du refus de ses vicaires, M. des Buffards. Cet ancien officier, sur la poitrine duquel brille l'étoile de l'honneur, glorieuse preuve des services qu'il a rendus à la patrie, sert encore son pays comme administrateur. Les fonctions qui lui ont toujours été confiées, celles qu'il remplit actuellement, et les marques qu'il porte d'une honorable conduite, ne permettent pas de s'arrêter à l'idée qu'il ait pu en imposer à M. le Curé et mentir à sa conscience.

Comment soupçonner M. Pierre, qui, depuis longues années, jouit de la confiance publique, qu'il s'est acquise soit comme chirurgien en chef de l'hospice de Fougères, soit dans l'exercice de sa bienfaisante profession? Comment soupçonner ce vertueux citoyen d'avoir délivré un certificat mensonger, en attestant des faits qu'il doit connaître mieux que tout autre, puisqu'il a donné ses soins au malheureux de Saint-Germain dans le cours de la maladie qui l'a conduit au tombeau?

Est-ce M. Mesenge? Est-ce M. de La Porte, ces deux respectables vieillards, dont les cheveux blancs commandent la vénération qu'une longue carrière honorablement parcourue a su inspirer à tous leurs concitoyens? Sont-ce ces septuagénaires que l'on voudrait flétrir de l'odieuse accusation de faux témoignage?

Est-ce donc contre l'attestation de MM. du Teilleul, Faucillonnais et Dugendry, que M. le Curé de Saint-Léonard voudrait s'inscrire en faux? Mais toutes ces personnes sont entourées d'une réputation justement méritée, qui les place bien au-dessus des soupçons diffamans que l'on voudrait faire planer sur elles. Ainsi, la calomnie retournant vers sa source, ne flétrirait que son auteur.

Voyons maintenant quels sont les renseignemens qu'a pris M. le Curé de Saint-Léonard, pour se dispenser de tenir à sa parole; voyons sur-tout quels témoignages il oppose à ceux que nous invoquons.

Des renseignemens ! Il n'en fait connaître aucun; il n'ose rien reprocher à celui dont il veut diffamer la mémoire, et son silence, à cet égard, d'accord avec les mœurs bien connues du défunt, autorise à conclure qu'il n'en a recueilli aucun.

En effet, à moins de le supposer animé de la plus insigne mauvaise foi, de la prévention la plus révoltante et de la plus orgueilleuse présomption, on doit croire que s'il avait appris des faits assez graves pour l'autoriser à manquer à la foi promise, et à refuser de célébrer l'office des morts pour le repos de l'âme de M. de Saint-Germain, il ne se fût pas dispensé de faire connaître ces faits à la famille du défunt, pour la mettre à lieu de les combattre.

Ce combat n'aurait pu avoir que l'heureux effet de faire connaître la vérité. Il offrait donc, sans inconvénient, à M. le Curé de Saint-Léonard, l'avantage précieux pour une âme juste d'éclairer sa religion, et de prononcer avec connaissance de cause sur la difficulté qu'il rencontrait; ce combat l'eût empêché de commettre une injustice. Ne fût-ce d'ailleurs que pour colorer sa rétractation, et pour écarter de lui le soupçon d'injustice qui le dépare, M. le Curé devait motiver sa dernière décision.

Mais, soit qu'il craignît d'être désabusé, soit plutôt qu'il fût dans l'impossibilité de justifier sa conduite, il a préféré agir en despote, et se retrancher dans on ne sait quel repli d'une conscience égarée qui semble craindre la lumière, *ne voulant*, dit-il, *rien faire contre les règles de son ministère.*

On examinera plus tard quelles sont les règles de son

ministère qui l'autorisent à refuser , sans motifs légitimes , l'entrée du temple aux restes des fidèles.

Nous avons à examiner ici quels sont les témoignages qu'on nous oppose.

Malheureusement pour M. le Curé de Saint-Léonard , la réponse à cette question est la même que celle que son silence nous a obligé de faire sur la question précédente, car, de même qu'il n'allègue aucuns faits, de même aussi il n'invoque aucun témoignage. D'où nous conclurons que cet ecclésiastique n'a pris conseil que de lui, et que, dans cette circonstance, soit qu'il ait été inspiré par le génie de l'erreur, soit qu'il eût des raisons personnelles pour suivre la marche tortueuse qu'il a adoptée, en promettant un jour de faire ce que le lendemain il refuse d'exécuter, dans l'une et l'autre hypothèses, il frappe sans entendre, et ôte ainsi à ceux qu'il condamne les moyens d'user du droit naturel d'une défense légitime.

Cette conduite mystérieuse, plus conforme aux principes de l'Inquisition qu'à ceux de la justice et du gouvernement représentatif, ne manquera pas sans doute de trouver des appréciateurs.

Pour nous, s'il nous était permis d'exprimer ici notre sentiment particulier, nous dirions à M. le Curé de Saint-Léonard que si nous nous faisons un devoir d'estimer le juge intègre qui, abjurant toute prévention particulière, ne met jamais ses passions à la place de la justice, nous ne pouvons placer au même rang, dans notre esprit, le ministre qui, parlant au nom de la Divinité, couvre ses décisions d'un voile impénétrable, comme s'il craignait d'en faire éclater l'injustice en les dévoilant.

Cependant le refus d'enterrement, cet acte de despotisme, eut l'effet que devait en attendre son auteur, c'està-dire, qu'il produisit du scandale. Tout Fougères en fut indigné, et M. de Saint-Germain ne fut pas introduit dans l'église de Saint-Léonard.

Cet affreux événement put satisfaire l'orgueil du scrupuleux ecclésiastique qui résistait seul à toute une population.

Ce triomphe fut incomplet cependant; car M. le Curé de Saint-Léonard, qui n'avait pas communiqué son important secret contre M. de Saint-Germain, ni son respect pour les morts, à l'honorable Curé de Lécousse, paroisse voisine de Fougères, vit à regret, sans doute, un de ses paroissiens recevoir à Lécousse les honneurs religieux qu'il lui refusait sans motif.

Il eut en outre le désagrément d'apprendre qu'au service d'octave que célébra son vénérable confrère de Lécousse, les habitans de Fougères se portèrent en foule, pour assister à cette cérémonie religieuse, et la grande affluence qu'il y eut ce jour-là dans l'église de Lécousse, fut à la fois un hommage à la mémoire de M. de Saint-Germain, et une critique amère de la conduite vraiment scandaleuse du Curé de Saint-Léonard.

Tout semblait terminé à cet égard, l'enterrement et le service de Gabriel de Saint-Germain ayant été solennellement célébrés dans l'église de Lécousse.

Mais, humiliés de l'outrage que leur a fait M. le Curé de Saint-Léonard, en refusant de recevoir les restes de leur frère dans l'église de la paroisse où il est décédé, M. et Melle de Saint-Germain ressentent vivement cet affront; ils savent que le refus que l'on a fait de célébrer l'enterrement de leur frère, et de recevoir son corps dans l'église de Saint-Léonard, laisse, dans l'esprit de ceux qui le connaissent, une impression défavorable, injurieuse pour la mémoire du défunt, et offensante pour sa famille.

Intéressés à détruire de telles préventions, ils ont fait tous leurs efforts pour connaître les motifs de ce refus, afin de les détruire, s'il était possible, ou de les respecter, s'ils avaient été de nature à l'être.

Toutes les démarches que pendant six mois ils n'ont cessé de faire pour connaître les faits que l'on reprochait à leur frère ayant été infructueuses, par la réticence despotique du Curé, qui prétend ne devoir aucun compte de sa conduite à ceux mêmes qu'il opprime, M. et Melle de Saint-Germain ont cru devoir s'adresser à M. l'Evêque de Rennes, pour obtenir de ce prélat l'autorisation de faire célébrer un service funèbre dans l'église de Saint-Léonard, pour le repos de l'âme de Gabriel, désirant, par cette cérémonie religieuse, réparer l'affront qu'ils ont tous reçu, et réhabiliter la mémoire de leur frère dans l'esprit de ceux qui ont été témoins de l'outrage.

Le 13 octobre dernier ils ont adressé à Monseigneur la requête suivante, avec les pièces à l'appui :

A Monseigneur l'Evêque de Rennes,

« Ont l'honneur d'exposer M. de Saint-Germain, de-
» meurant à sa terre près Fougères, et Mademoiselle sa
» sœur, demeurant à Paris,
» Que, le 27 avril dernier, M. Gabriel de Saint-Ger-
» main, leur frère, de douloureuse mémoire, eut un accès
» de manie, maladie à laquelle il était depuis long-tems
» sujet, ainsi que le constatent les certificats des médecins
» qui l'ont traité.
» Lorsque cette maladie s'emparait de lui, elle para-
» lysait tous ses sens, son moral en était sensiblement
» affecté, il tombait dans une mélancolie sombre, ne voyant
» dans ses meilleurs amis que des ennemis qui en voulaient

» à ses jours, à sa liberté. Sans cesse poursuivi par de tristes
» illusions, son cerveau déréglé le jetait dans une misan-
» thropie farouche, qui lui faisait concevoir de l'aversion
» pour lui-même, et le portait continuellement vers le
» suicide, le plus épouvantable des crimes aux yeux de
» l'Eternel.

   » Tel est l'état dans lequel se trouvait M. Gabriel de
» Saint-Germain le 27 avril dernier. Le certificat dans
» lequel douze habitans notables de Fougères attestent la
» conduite du malade dans cette déplorable journée, ne
» permet pas de douter qu'en effet M. de Saint-Germain
» ne fût alors en proie à sa triste infirmité.

   » En dînant, il vit dans la distribution symétrique du
» dessert, qui fut placé suivant l'usage, la preuve qu'il était
» l'objet de la haine de tous ses convives.

   » Il fuit cette société et se rend à la Chambre littéraire;
» il prend un journal et croit y voir son nom; ce nouveau
» prestige lui exalte l'imagination; il serre le papier, le
» jette avec horreur et s'écrie : *Par-tout, jusque dans les*
» *journaux, on me diffame! Je suis l'objet de l'aversion*
» *générale !*

   » Il sort désespéré; il parcourt la ville; sa manie l'ac-
» compagne. Il rencontre un de ses amis, le prie confiden-
» tiellement de lui retirer une bouteille qu'il croit avoir
» dans le dos; la réponse négative de son ami est un nou-
» vel outrage.

   » Tous ceux qu'il rencontre sont les confidens de son
» malheur; tout le monde lui en veut; ceux qui l'accostent
» se compromettent; les témoignages d'amitié qu'on lui
» donne sont autant d'impostures, dont le but est de dissi-
» muler la haine qu'on lui voue.

   » Enfin, accablé de ses noires réflexions, il rentre chez
» lui, écrit ce qu'il vient de dire par-tout, *qu'il est per-*

» *sécuté de toute part*, et, se débarrassant d'une existence
» qu'il ne peut supporter, il se présente devant son Créa-
» teur sous l'enveloppe odieuse d'un suicide, et pourtant
» innocent.

» Le bruit de sa mort se répand dans Fougères ; les ha-
» bitans déplorent ce funeste événement ; il pénètre chez
» les parens du malheureux de Saint-Germain ; il y porte
» le deuil et la douleur.

» On veut rendre aux restes du défunt les honneurs de
» la sépulture ; les ministres du culte croient devoir s'y re-
» fuser, quoique d'abord M. le Curé y eût consenti.

» Le motif du refus est le suicide.

» On ne se permettra pas de penser que MM. les Ec-
» clésiastiques de Fougères ont saisi cette occasion de satis-
» faire leur indisposition contre M. de Saint-Germain,
» et que le genre de mort qui lui a ravi l'existence soit
» plutôt un prétexte qu'une cause sérieuse du refus qu'ils
» font de célébrer un service pour le repos de l'âme du
» défunt ; car cette supposition serait injurieuse, et les
» parens de M. de Saint-Germain, ennemis qu'ils sont de
» tout scandale, ne veulent pas donner l'exemple de la
» diffamation contre les ministres d'un culte qu'ils ré-
» vèrent.

» Cependant, Monseigneur, on ne peut se dissimuler
» que leur refus repose sur une erreur grave et humiliante
» pour la famille de Saint-Germain ; car, en considérant
» leur parent comme un suicide, ils confondent la mort
» accidentelle avec le crime et le péché mortel qu'ils sup-
» posent. Cette supposition est un outrage à la mémoire
» du défunt.

» Les circonstances de sa mort sont trop bien connues
» pour que l'on puisse douter de la situation mentale de

» M. de Saint-Germain, lorsqu'il s'est donné le coup mor-
» tel.

» Dieu, qui nous donne l'existence, peut nous l'ôter
» quand il lui plaît; il peut aussi nous l'ôter de la ma-
» nière qu'il lui convient de choisir.

» Les maladies, ces ministres de la mort, sont aussi mul-
» tipliées que les individus. Celle dont est mort M. de Saint-
» Germain est depuis long-tems connue; les livres de l'art
» en déterminent les caractères, en décrivent les périodes
» et fixent le traitement qui lui est propre.

» C'est une *manie*.

» Celui qui en est atteint est privé de son jugement; c'est
» un furieux dont l'esprit est continuellement tourné vers
» la destruction de soi-même ou d'autrui.

» Si, dans les transports frénétiques qui l'agitent, il
» donne la mort à quelqu'un, les lois humaines ne peuvent
» l'atteindre, parce que, n'étant pas maître d'agir ou de
» ne pas le faire, il ne doit aucun compte de ses actions.

» Mais s'il ne commet pas un crime aux yeux des
» hommes, se rend-il coupable envers le Créateur ?......

» Ici, le respect divin nous arrête. Tout nous prescrit
» de ne pas entreprendre de résoudre une question de cette
» nature; car, si la raison nous dit qu'en envoyant à Mon-
» sieur de Saint-Germain une maladie qui le portait *néces-*
» *sairement* à se détruire, Dieu a *nécessairement* voulu le
» rappeler à lui par cette voie, l'expérience nous avertit
» aussi que notre raison peut nous égarer, et que, pour
» applanir cette difficulté, il faut avoir des lumières qui
» nous manquent.

» Cependant, on ne peut se dissimuler, quel que soit
» d'ailleurs le jugement éternel, que M. de Saint-Germain
» étant privé de son jugement avant de se détruire, il ne
» pouvait rendre aucun culte à la divinité, et que parti

» d'une main égarée, le coup mortel ne peut être considéré
» par nous que comme un accident fortuit et tout-à-fait
» indépendant de la volonté de son auteur. C'est pourquoi
» la mort de M. de Saint-Germain a été, pour tous ceux
» qui en connaissent les circonstances, un objet de douleur
» et non pas de scandale.

» Ainsi, nous pensons qu'on ne peut, sous aucun rap-
» port, refuser à la mémoire du défunt les honneurs fu-
» nèbres.

» Pleins de confiance dans votre justice, Monseigneur,
» les exposans osent espérer que vous voudrez bien leur
» permettre et les autoriser à faire célébrer un service fu-
» néraire aux mânes de leur frère, dans l'église de la pa-
» roisse dans laquelle il est décédé.

» Dans cette attente,

» Ils sont avec un profond respect,

» Monseigneur,

» Vos très-humbles et très-obéissans serviteurs,

» Le Chevalier DE SAINT-GERMAIN.

» *Pour Mademoiselle de Saint-Germain,*

» VIGNARD, *Avocat* ».

Rennes, 13 octobre 1820.

M. et Melle de Saint-Germain ne devaient pas s'attendre, sans doute, à l'apostrophe que leur adressa Monseigneur, lorsqu'ils allèrent lui remettre cette requête. « Ceci
» m'a tout l'air d'avoir pour objet de faire du scandale, et
» je crois aussi que telle est votre intention ».

Il ne fut pas difficile de dissuader M. l'Evêque, et tout
en lui faisant remarquer que cette phrase n'avait rien d'a-
gréable pour ceux auxquels elle s'adressait, on lui observa
que si l'on avait voulu faire du scandale, on n'eût pas attendu aussi long-tems, puisqu'il suffisait alors de continuer
celui qu'avait occasionné M. le Curé de Saint-Léonard, et
de profiter de l'indignation qu'il avait excitée le 29 avril,
pour publier un mémoire critique de sa conduite dans cette
triste journée.

On observa sur-tout à Monseigneur que si l'on avait eu
l'intention honteuse qu'il supposait aussi gratuitement à
la famille de Saint-Germain, on ne se fût pas adressé à lui
par la voie de la supplique, mais que signalant, au contraire, à l'opinion publique, les faits dont on se plaignait
avec tant de modération, on leur eût donné de l'éclat.

M. l'Evêque voulut bien s'excuser de sa méprise, en
ajoutant toutefois qu'il ne pouvait accéder à la demande,
parce que connaissant M. le Curé de Saint-Léonard pour
un homme sage, il était persuadé que cet ecclésiastique
n'avait rien fait légèrement, et que sur-tout il ne pouvait
se résoudre à causer à ce Curé le désagrément d'improuver
publiquement sa conduite; ce qui serait diminuer la considération dont il doit être environné.

M. de Saint-Germain insista cependant encore, en disant qu'il ne croyait pas qu'en réparant une injustice, on
perdît cette considération dont on se montrait si jaloux; il
supplia Monseigneur de vouloir bien lire la requête avant

de prononcer, afin de se convaincre de la justice de la demande, et pour ne pas la rejeter sans la connaître.

M. l'Evêque se rendit à ces raisons; il promit de lire la requête, mais en ajoutant qu'il croyait bien que cela serait inutile.

Le 8 de ce mois, il adressa à M. Vignard, avocat de la famille de Saint-Germain, la lettre suivante :

« Rennes, le 8 novembre 1820.

» MONSIEUR,

» Je ne crois pas pouvoir donner l'ordre que me de-
» mande M. de Saint-Germain. Veuillez lui dire que je
» regrète bien de ne pouvoir le satisfaire sur ce point, et
» lui remettre les pièces ci-jointes, qu'il m'avait commu-
» niquées.

» J'ai l'honneur d'être bien sincèrement,

» MONSIEUR,

» Votre très-humble et très-obéissant
» serviteur,

† CHARLES, *Évêque de Rennes* ».

N'ayant plus alors d'espoir d'obtenir justice qu'en em-
ployant les voies légales, M. et Melle de Saint-Germain
se décidèrent à se pourvoir devant S. Exc. Monseigneur
le Ministre de l'intérieur, aux termes de l'ordonnance de
Sa Majesté, du 24 août 1819.

Mais avant tout, et pour n'avoir aucun reproche à se

faire, la famille de Saint-Germain ne veut rien entreprendre sans faire connaître ses projets à M. l'Evêque, pour
le mettre à même d'empêcher la publicité de cette affaire.

M. Vignard, chargé de lui annoncer la résolution prise,
lui écrit en ces termes :

« Rennes, ce 9 novembre 1820.

» MONSEIGNEUR,

» Je vous demande pardon si, malgré la réponse dont
» vous m'avez honoré, par laquelle vous me faites con-
» naître que vous ne croyez pas pouvoir donner l'ordre
» que vous demande M. de Saint-Germain, par laquelle
» aussi vous me chargez de lui exprimer les regrets que
» vous éprouvez de ne pouvoir pas le satisfaire sur ce
» point important pour toute sa famille, qui tient beau-
» coup à faire réhabiliter la mémoire du défunt dans l'es-
» prit des âmes pieuses de Fougères, j'insiste cependant
» et vous écris de nouveau, pour vous annoncer que cette
» famille voyant votre impuissance, et reconnaissant par
» conséquent qu'elle s'est méprise en pensant qu'elle de-
» vait s'adresser à vous, comme chef immédiat de M. le
» Curé de Saint-Léonard, pour obtenir la justice qu'elle
» réclame, me charge de rédiger en son nom un nouveau
» mémoire, qu'elle veut adresser au Ministre de l'inté-
» rieur, pour réclamer de Son Excellence ce qu'elle a
» vainement sollicité de MM. les ecclésiastiques, sauf,
» s'il en était besoin, à recourir par la suite au Conseil
» d'Etat, conformément à l'art. 8 du concordat du 26
» messidor an 9, se croyant placée dans l'un des cas pré-
» vus par l'art. 6 de cette loi.

» Désirant vous donner une nouvelle preuve de l'erreur
» dans laquelle vous étiez, Monseigneur, lorsque vous

» m'avez dit que vous pensiez que l'intention de la fa-
» mille de Saint-Germain et la mienne étaient de faire du
» scandale, et voulant vous prouver au contraire com-
» bien j'en suis ennemi, je joins mes instances à celles de
» l'honorable famille dont je suis fier d'être l'organe auprès
» de vous, pour vous supplier, Monseigneur, au nom de
» l'ordre et de la morale, au nom même de la religion,
» d'arrêter cette affaire, qui n'est encore connue que d'un
» petit nombre de personnes ; d'empêcher que, pressée par
» le besoin d'obtenir la justice qu'elle sollicite avec tant
» d'instances, la famille de Saint-Germain ne soit forcée
» de publier, contre des personnes qui doivent être en-
» tourées de la vénération publique, des faits graves et de
» nature à laisser contre elles des impressions défavorables.

» En un mot, Monseigneur, je viens personnellement
» vous supplier encore d'arrêter la publicité scandaleuse
» de cette déplorable affaire. Je crois que vous le pouvez,
» en invitant M. le Curé de Saint-Léonard de faire ce que
» vous ne croyez pas pouvoir lui ordonner.

» Si cette nouvelle démarche était infructueuse ; si,
« obligé par état de donner mes soins à toutes les réclama-
» tions que je crois justes, lorsque je suis chargé par les
» parties de défendre leurs droits, j'étais forcé de prêter
» ma plume à mes malheureux cliens, n'écoutant alors que
» les devoirs que je me suis imposés en acceptant leur dé-
» fense, je m'efforcerais, par mon zèle, de répondre à leur
» confiance, en publiant, dans leur intérêt, tous les faits
» dont la preuve me serait acquise ; car si je me dois à
» moi-même de ne pas diffamer mes concitoyens en rap-
» portant comme vrais des faits équivoques, je dois à mes
» cliens de ne négliger aucune vérité qui puisse leur être
» utile.

» Si, au contraire, M. le Curé de Saint-Léonard se ren-

» dait, comme on doit le croire, à votre invitation, je
» m'applaudirais d'avoir insisté de nouveau; je m'estime-
» rais heureux d'avoir contribué à faire rendre justice à
» ceux au nom desquels je la demande; je me glorifierais
» sur-tout d'avoir contribué à étouffer une affaire dont la
» publicité pourrait être dangereuse.

» Mais si, après la présente, et tous les soins que nous
» prenons pour éviter le scandale, cette affaire en faisait
» cependant, nous aurions du moins la satisfaction de pen-
» ser que nous n'en serions responsables sous aucun rap-
» port.

» Je suis avec un profond respect,

» MONSEIGNEUR,

» Votre très-humble et très-obéissant
» serviteur,

» VIGNARD, *Avocat* ».

Voici la réponse que fit M. l'Evêque à cette lettre :

» Rennes, le 10 novembre 1820.

» MONSIEUR,

» J'ai eu l'honneur de vous mander que je ne croyais
» pas pouvoir faire ce que me demande M. de Saint-Ger-
» main. La marche que vous m'annoncez vouloir prendre

» ne me paraît guères propre à atteindre son but; elle
» pourra aggraver le mal, au lieu d'y porter remède.

» J'ai l'honneur d'être bien sincèrement,

» MONSIEUR,

» Votre très-humble et très-obéissant
» serviteur,

† CHARLES, *Evêque de Rennes* ».

Comme d'après cette réponse, il n'y a plus rien à espérer des sollicitations que l'on continuerait vainement
auprès de M. l'Evêque, il ne reste plus à la famille de
Saint-Germain qu'à se pourvoir vers S. Exc. le Ministre
de l'intérieur, contre l'oppression que lui fait éprouver
M. le Curé de Saint-Léonard; car, quel que soit le mé-
rite de l'observation consignée dans la lettre du 10, que
cette marche ne paraît guère propre à atteindre son but,
à moins de souffrir avec résignation les oppressions des-
potiques de M. le Curé de Saint-Léonard, après avoir inu-
tilement attendu six mois qu'il revînt de son erreur, après
avoir vainement sollicité une justice que peut-être il devait
suffire de demander une fois, après avoir épuisé toutes les
ressources que la bienséance indiquait, on est forcé de recourir aux voies légales.

La marche que, par des refus aussi multipliés, on force
M. et Melle de Saint-Germain de prendre, *pourra aggra-*
ver le mal au lieu d'y porter remède, leur dit-on. Cela
semblerait indiquer qu'il existe un autre moyen d'obtenir
la justice qu'ils réclament depuis si long-tems.

Cette marche certaine quelle est-elle donc? Qu'on la leur indique franchement : ils s'empresseront de la suivre avec d'autant plus de plaisir, qu'elle pourra prévenir peut-être la publicité qu'ils regrètent sincèrement d'être obligés de donner à cette affaire vraiment scandaleuse, on ne peut trop le répéter.

Reculant cependant encore devant cette triste publicité, M. et Melle de Saint-Germain, ne trouvant pas d'ailleurs dans la réponse amphibologique du 10, un refus bien formel, et croyant qu'ils pouvaient encore espérer quelque chose de leur résignation, étaient déterminés à en donner une nouvelle preuve, en attendant que, réfléchissant sur sa conduite, et pressé par les observations que lui ferait M. l'Evêque, le Curé de Saint-Léonard revînt de son erreur, et se décidât enfin à réparer l'outrage qu'il fait à la mémoire de leur frère et à toute leur famille; outrage que, par son obstination, il aggrave tous les jours, lorsqu'on leur a mandé de Paris que, profitant de leur inaction, M. l'Evêque les avait devancés, et qu'il avait lui-même écrit, sans les en prévenir, pour obtenir du Gouvernement l'approbation de la conduite du Curé de Saint-Léonard.

On les a même prévenus que cette demande était appuyée sur on ne sait quel certificat, signé par on ne sait qui, attestant on ne sait quoi.

Surpris, pour ne rien dire de plus, de cette conduite mystérieuse, et protestant contre tout ce que l'on ferait clandestinement contre eux, ils se sont déterminés à suivre l'exemple qu'on leur a donné, tout en leur conseillant de ne pas suivre la marche que l'on avait résolu de suivre soi-même, et que déjà peut-être on avait entreprise.

La seule différence que l'on remarquera entre la conduite de M. et de Melle de Saint-Germain et celle de leurs adversaires, c'est que ne craignant pas de se montrer, parce qu'ils ne croiront pas avoir à rougir de leur conduite, les premiers, méprisant la ruse et le mystère, agiront ostensiblement, avec franchise et avec loyauté, voulant que ceux contre lesquels ils agissent soient les premiers instruits de toutes leurs démarches.

Pour démontrer jusqu'au dernier degré d'évidence que Gabriel de Saint-Germain était, lorsqu'il s'est donné le coup mortel, sous l'influence de la terrible maladie attestée par les gens de l'art, et par ses concitoyens, témoins des actes de son délire; que, par conséquent, il n'a pas agi avec liberté, et que sa mort n'est point un acte volontaire de sa part, son frère et sa sœur ont soumis à trois docteurs dans l'art de guérir les questions suivantes, sur lesquelles ils les ont priés de donner leur avis par écrit, sans leur faire connaître l'usage qu'ils voulaient en faire.

1.° Quelle était, d'après les certificats produits, la maladie de Gabriel de Saint-Germain?

2.° Quels sont les effets de cette maladie, et, dans ses accès, le malade pouvait-il s'occuper d'objets étrangers à celui de son délire?

Voici la consultation de ces trois docteurs, qui, habitant Rennes, ne peuvent être suspectés de prévention pour la mémoire d'un homme qu'ils n'ont jamais connu, ni pour une famille avec laquelle ils n'ont aucun rapport. On ne peut pas non plus les soupçonner de désirer le succès d'une cause dont ils n'ont pas connaissance.

1.re QUESTION.

Quelle est la maladie dont était atteint M. de Saint-Germain ?

« *Tout homme craint de mourir*, a dit **J. J. Rousseau**;
» *c'est la grande loi des êtres sensibles, sans laquelle*
» *toute espèce mortelle serait bientôt détruite.* **Telle est**
» en effet la **disposition habituelle de l'homme.**
» Quel est donc ce dérangement de l'économie animale
» qui anéantit ce sentiment impérieux qui attache l'homme
» à la vie, qui le rend sourd à la voix de la religion, qui
» lui presenterait sa destinée sous un aspect moins sombre,
» sourd à la justice et à l'humanité, qui lui fait mécon-
» naître à la fois tous ses devoirs, en le poussant, d'une
» manière irrésistible, à se débarrasser du précieux dépôt
» que lui a confié le souverain Arbitre de la nature ?
» Ce dérangement consiste dans une perversion des fa-
» cultés mentales, laquelle résulte, presque toujours,
» d'une lésion physique des organes intérieurs, spéciale-
» ment de l'encéphale, et constitue cette espèce de folie
» connue sous le nom de *délire exclusif, fureur maniaque,*
» *monomanie*, dont une des principales variétés est carac-
» térisée par le dégoût de la vie et le penchant au suicide,
» ce qui lui a fait donner le nom de *délire suicide* ou *mono-*
» *manie suicide.*
» Cela posé, M. de Saint-Germain était-il réellement
» atteint de monomanie suicide?
» Pour résoudre cette question, on doit examiner toutes
» les circonstances qui ont signalé la conduite de cet infor-

» tuné depuis l'invasion de sa maladie jusqu'au moment
» fatal, et si, de ces circonstances, il résulte qu'il était
» sous l'influence des causes qui prédisposent à cette
» cruelle affection et qui la déterminent, qu'il a présenté
» les symptômes qui la caractérisent, on sera forcé d'en
» conclure que M. de Saint-Germain était en proie aux
» accidens de la monomanie suicide.

» Ces circonstances, attestées par des certificats authen-
» tiques, sont les suivantes :

» 1.º M. de Saint-Germain avait *toujours* joui de l'inté-
» grité de ses facultés intellectuelles, jusqu'à l'époque où
« il fit une chûte violente sur la tête, de laquelle résulta
» une plaie grave à la partie antérieure du crâne (*certificat*
» *n.º 1*). Personne n'ignore que la commotion du cerveau
» a la plus grande influence sur l'entendement. *On parle*
» *d'un fou*, dit M. Richerand, *qui recouvra l'usage de la*
» *raison à la suite d'un coup à la tête, comme si le choc*
» *de la commotion avait réparé les dérangemens organi-*
» *ques de la masse cérébrale. Mais*, ajoute cet illustre
» professeur, *dans un bien plus grand nombre de cas, les*
» *blessés ont perdu le libre exercice des facultés intellec-*
» *tuelles. La stupidité, l'idiotisme, la* MANIE, *ont été*
» *observés à la suite de commotions violentes qui n'avaient*
» *pas, cependant, été assez fortes pour tuer subitement.*
(Nosog. chirurg., tom. 2, p. 219). Après l'accident que
» nous venons de mentionner, M. de Saint-Germain ne
» tarda pas à donner les signes les moins équivoques d'alié-
» nation mentale. *Il était porté à se faire du mal;* et dès
» lors il serait parvenu à exécuter son projet insensé, *s'il*
» *n'eût été surveillé par ses amis et autres personnes de*
» *confiance* (certificat n.º 1).

» 2.º M. de Saint-Germain avait une autre cause pré-
» disposante à la monomanie : il était d'un tempérament

» nervoso-sanguin *(certificats n.*^{os} *2 et 3)*. Les individus
» doués de ce tempérament sont d'une irrascibilité extrême,
» d'une très-grande susceptibilité, ennemis de la contrainte;
» s'irritant à la moindre contrariété, ils entrent prompte-
» ment en fureur. Enfin, comme le remarque M. le doc-
» teur Esquirol, le tempérament sanguin ou nervoso-san-
» guin est celui qui prédispose le plus à la monomanie.
» *(Dict. des scienc. méd., v.*° *monomanie, p. 116)*.

» 3.° M. de Saint-Germain avait trente-cinq ans *(certi-*
» *ficat n.*° *3)*. C'est à cet âge que les forces vitales agissent
» avec le plus d'énergie; que certaines passions maîtrisent
» l'homme avec le plus d'empire, que l'intellect s'exerce
» avec le plus d'activité. Cet âge est aussi celui des affec-
» tions maniaques. En effet, le relevé de l'hospice de la
» Salpétrière, pendant quatre années, prouve que le plus
» grand nombre des aliénés admis dans cet établissement
» étaient âgés de trente-cinq ans.

» 4.° On doit aussi avoir égard à la saison où M. de
» Saint-Germain a éprouvé ce violent accès de fureur qui
» l'a entraîné au suicide (c'était le 27 avril); car c'est au
» printems et pendant les chaleurs de l'été que l'on voit
» plus de manies éclater; assertion qui est encore prouvée
» par les relevés de ces malades entrés à la Salpétrière.
» C'est aussi dans ces saisons que les aliénés sont plus agi-
» tés, plus irritables, plus disposés à la fureur.

» 5.° Il n'est pas moins important de tenir compte du
» dîner à la fin duquel M. de Saint-Germain crut voir,
» dans la distribution symétrique du dessert, la preuve
» qu'il était l'objet de la haine de tout le monde *(certificat*
» *n.*° *4)*. Il n'avait pas manqué sans doute de manger à
» son appétit; peut-être même avait-il ingéré plus d'ali-
» mens que de coutume : d'où il devait s'ensuivre néces-
» sairement une exaspération notable de sa maladie. L'ob-

» servation prouve en effet que la digestion seule peut dé-
» terminer quelquefois la monomanie suicide. M. Alibert
» dit, dans sa Thérapeutique, avoir donné des soins à une
» dame qui, pendant la digestion, ne pouvait se défendre
» de l'envie de se détruire. On finit par la surveiller,
» après l'avoir surprise deux fois la corde au cou pour
» s'étrangler (*tom. 2, p. 22*).

» 6.° Postérieurement à l'année 1817, M. le docteur
» Leverdays, consulté plusieurs fois par M. de Saint-Ger-
» main, l'a vu éprouver *des agitations, des inquiétudes
» vagues, des terreurs, des insomnies, des idées insolites,*
» que ce médecin regardait avec raison comme des symp-
» tômes avant-coureurs d'un accès de manie qui fut pré-
» venu par un traitement méthodique. Au mois de février
» dernier (1820), il l'a vu plusieurs fois, pendant qu'il lui
» dictait des avis, témoigner le plus grand dégoût pour
» la vie (*certificat n.°* 2). A ces symptômes succède un
» intervalle lucide, qui se prolonge jusqu'au 27 avril.
» Alors un nouvel accès s'annonce avec un appareil de
» symptômes plus formidable que les précédens. Plus que
» jamais tourmenté par l'idée exclusive qu'il est l'objet de
» la haine générale; que ses meilleurs amis le jouent; que
» tout le monde, les folliculaires mêmes le diffament, il
» parcourt la ville, errant au hasard; il fait tous ceux
» qu'il rencontre confidens de son malheur; il croit avoir
» une bouteille dans le dos, et prie en particulier un de
» ses amis de la lui retirer ; et, sur la réponse négative
» de ce dernier, il tire son habit pour s'en convaincre,
» et n'est point dissuadé. Les témoignages d'amitié qu'on
» lui prodigue sont autant d'impostures, dont le but est
» de dissimuler la haine qu'on lui voue; enfin, son ima-
» gination délirante ne lui fait plus entrevoir d'autres
» moyens de se soustraire aux persécutions qu'il éprouve

» qu'en se défaisant d'une existence qui lui est devenue
» insupportable (*certificat n.° 4*).

» Aux causes sous l'empire desquelles la maladie de
» M. de Saint-Germain s'est développée, aux symptômes
» qu'elle a offerts, on ne saurait, sans être taxé de la
» plus absurde comme de la plus ridicule prévention, mé-
» connaître une *monomanie suicide*. Il est à regretter
» qu'on n'ait pas été chercher dans son cadavre la cause
» matérielle de la fureur maniaque qui le transportait. On
» y aurait observé une ou plusieurs de ces lésions orga-
» niques que les auteurs ont signalées comme la source
» des vésanies.

2.ᵉ QUESTION.

Quels sont les effets de cette maladie,
et, dans ses accès, M. de Saint-Germain
pouvait-il s'occuper d'objets étrangers
à celui de son délire ?

» Les individus atteints de monomanie, cette espèce de
» folie caractérisée par un délire fixe et exclusif, exécutent
» *toujours* et *irrésistiblement* leurs affreux projets, à moins
» qu'une surveillance active n'y mette obstacle; alors, ils
» guérissent radicalement, ou ils se dégoûtent de leur
» penchant pendant un tems plus ou moins long, comme
» il est arrivé à M. de Saint-Germain. Ces malheureux
» malades, trompés par des hallucinations, cèdent,
» comme l'a observé M. Esquirol, à une voix intérieure
» qui leur crie, *tue, tue,* ou bien sans qu'ils puissent se
» rendre compte des motifs qui les déterminent, ils sont

» entraînés à des actes de fureur dont ils déplorent les
» horribles effets, lorsque le paroxysme est passé. Ainsi,
» ce vieillard, qui croit entendre la voix d'un ange qui
» lui ordonne d'immoler son fils, à l'exemple d'Abraham,
» et consomme son sacrifice, était monomaniaque. Tel
» était aussi ce militaire qui accusait tous les hommes
» d'injustice, qui se croyait l'objet de leur haine et de
» leurs persécutions, qui s'imaginait être le jouet de tous
» ceux qui l'entouraient, et qui fit plusieurs tentatives
» pour se suicider (Esquirol, *ouv. cit.*).

» Dans cette cruelle maladie, la volonté est la princi-
» pale fonction lésée. Elle entraîne à un acte déraison-
» nable, et qui révolte la nature, parce que l'individu
» ne *jouit plus de sa raison, parce qu'il est en délire;*
» il n'a plus la faculté de diriger ses actions, parce qu'il
» a perdu l'unité du *moi;* c'est l'*homo duplex* de Saint
» Paul et de Buffon, poussé au mal par un motif, retenu
» par un autre. Cette lésion de la volonté peut être com-
» parée avec assez de justesse à la bévue, et peut se con-
» cevoir par la duplicité du cerveau, dont les deux moitiés
» ne sont pas également excitées. Quoi qu'il en soit, il
» est hors de doute que les actes auxquels se livrent ces
» aliénés sont toujours le résultat du délire, quelque pas-
» sager qu'on le suppose.

» De ces différentes considérations, le Conseil conclut :

» 1.º Que M. de Saint-Germain était atteint de mono-
» manie suicide périodique;

» 2.º Que cette maladie paraît résulter de la chûte vio-
» lente qu'il a faite sur le front;

» 3.º Que cette espèce d'aliénation mentale entraîne,
» d'une manière irrésistible, au suicide, si, comme chez
» M. de Saint-Germain, le dégoût de la vie est l'objet
» du délire du malade;

» 4.° Que M. de Saint-Germain avait complètement
» perdu la raison, lorsqu'il s'est donné le coup mortel ;
» que, pendant l'accès qui l'a porté à cet acte de fureur,
» il ne pouvait s'occuper d'objets étrangers à celui de son
» délire.

» Délibéré à Rennes, le 14 novembre 1820.

» BRIAND,

» *Docteur en médecine.*

» PERRIN,

» *Docteur en médecine.*

» LEMOULLEC,

» *Docteur en chirurgie* ».

Maintenant que les faits sont parfaitement connus, et
que la maladie dont est mort M. de Saint-Germain ne peut
être révoquée en doute ; maintenant qu'il est certain, par
conséquent, que rien ne peut justifier le refus que l'on fait
de célébrer un service funèbre pour le repos de son âme,
il reste à examiner :

*1.° Si les prêtres peuvent refuser sans motif légitime de
prêter leur ministère, quand ils en sont légalement requis ;*

*2.° Si M. le Curé de Saint-Léonard peut se dispenser de
célébrer le service demandé.*

Suivant l'ordre précédemment établi, on démontrera,

1.° Que les ecclésiastiques ne peuvent pas, sans un motif légitime, refuser de prêter leur ministère, lorsqu'ils en
sont légalement requis ;

2.° Que, sous aucun rapport, le Curé de Saint-Léonard ne peut se dispenser de célébrer le service demandé.

Avant d'entrer dans la discussion de ces propositions, sur lesquelles certaines personnes croient qu'il est dangereux de se prononcer, parce qu'elles pensent sans doute qu'on ne peut en entreprendre l'examen sans attenter à l'indépendance et à la considération des ministres des cultes, ce qui est une erreur, on s'empressera de reconnaître que si, entraînés par un zèle inconsidéré, quelques ecclésiastiques ont donné lieu à des réclamations de la nature de celle que font aujourd'hui M. et M.elle de Saint-Germain, les exemples que l'on en pourrait citer sont rares.

En effet, on ne doit pas confondre avec la mort du malheureux de Saint-Germain les suicides qui donnent lieu aux refus de sépulture multipliés dont les journalistes nous entretiennent chaque jour.

Les auteurs de ceux-ci se détruisant volontairement, ont refusé de sang-froid les secours d'une religion philantropique qui nous prévient qu'en nous arrachant une existence que le Tout-Puissant nous a confiée pour le servir et pour exécuter sa suprême volonté, jusqu'à ce qu'il lui plaise de nous demander compte de l'usage que nous aurons fait de ce précieux dépôt, nous commettons un crime aux yeux de l'Eternel.

Le suicide prouve donc une grande impiété, et l'on peut dire que celui qui se tue volontairement abandonne de lui-même la religion, dont il repousse les honneurs et les bienfaits; de sorte qu'en refusant l'entrée de l'église à cet individu, les prêtres semblent se conformer à sa volonté, en même tems qu'ils marquent leur mépris pour une action immorale, et contraire aux lois divines et humaines.

Gabriel de Saint-Germain, au contraire, en se donnant la mort, n'a fait qu'obéir à la nature, dont la voix lui criait *tue ! tue !* Comme l'attestent les médecins, il a succombé sous le poids de la maladie; il n'a fait que céder à la volonté du Créateur; son esprit égaré était mort avant lui, et en arrêtant les mouvemens de la matière, il a satisfait au destin; il n'a commis aucun crime; il n'a point repoussé les secours de la religion; il n'a pas sur-tout renoncé aux honneurs de l'église.

Ainsi, sans examiner si les ministres du culte doivent encourager l'oubli de tous les devoirs religieux et sociaux, en rendant des honneurs à celui qui a professé pendant sa vie le plus froid mépris pour la religion, et donné, en se détruisant, une dernière preuve de son impiété, on va discuter la première proposition.

I.ʳᵉ PROPOSITION.

Les Ministres du culte ne peuvent pas, sans motif légitime, refuser de prêter leur ministère, lorsqu'ils en sont légalement requis.

Si la liberté est ennemie de la contrainte, c'est sur-tout dans l'exercice des actes qui sont l'expression de l'opinion religieuse qu'elle doit être absolue, parce que l'hommage que l'on rend au Créateur doit être l'effet de l'élan spontané des cœurs, ou, s'il était soumis à quelqu'influence, ce ne devrait être qu'à celle de cette agréable terreur dont l'homme, quelque misérable qu'il soit, a nécessairement senti le charme à l'aspect de la nature.

Si la politique, cette déité infernale, ennemie de l'homme et des Etats, a fait méconnaître souvent le principe de la liberté des consciences, Dieu, dont la volonté ne rencontre point d'obstacles, l'a gravée dans tous les cœurs, et, loin d'être altérée par les actes cruels que l'on s'est vainement efforcé de parer du nom sacré d'actes de foi, ni par les massacres sans nombre dont nous lisons l'affreux détail sur les pages sanglantes des annales humaines; loin d'être affaiblie par les tyrannies de toute espèce que, chez toutes les nations, on exerça toujours au nom de la Divinité, le sentiment de la liberté de conscience s'affermit au contraire par les persécutions, et les actes tant de fois réitérés de ce courage plus qu'humain qu'opposèrent sans cesse les opprimés aux attaques des oppresseurs, prouvèrent enfin que cette noble résistance était inspirée par une puissance invisible.

Or, cete puissance invisible ne pouvant être que la Nature, qui nourrit dans tous les cœurs l'amour de la liberté, ce noble sentiment du moi, qui a tant d'empire sur nous, il a fallu reconnaître dans ce protecteur tout-puissant la volonté du Créateur, qui, se jouant des efforts puérils des humains, marche à son but d'un pas assuré.

Cette heureuse découverte avait mis un terme à ces guerres impies, que les mêmes causes ont fait renaître dans les premiers jours de notre révolution, parce que suivant en sens inverse les erremens de ceux qui les avaient précédés, les nouveaux législateurs, au lieu de protéger les divers cultes, voulurent les abolir tous.

Mais instruit par tant de désastres, et profitant de cette grande leçon, un autre législateur a paru qui, relevant les autels profanés, nous a donné cette législation sage qui protège aujourd'hui le principe éternel de la liberté des consciences; principe consacré depuis dans toutes nos institutions, et répété par ces mots de l'art. 5 de la Charte constitutionnelle : Chacun professe sa religion avec une égale liberté, et obtient pour son culte la même protection.

On sent que cette disposition du Pacte fondamental, qui, comme toutes les autres, doit recevoir son exécution, deviendrait illusoire, si les ministres du culte pouvaient, sans motifs et au gré de leurs caprices, refuser leur ministère, qui est indispensable pour l'exercice d'un culte que l'on ne peut professer sans lui ; car alors le législateur aurait accordé un droit dont il n'aurait pas donné les moyens d'user ; il aurait méconnu cette maxime certaine en législation, *qui veut la fin veut les moyens* : ce qui eût été de sa part une inconséquence que l'on ne doit pas supposer.

Ainsi, cet article suppose donc déjà que les ecclésiastiques ne sont pas les seuls arbitres de leur ministère, et qu'ils ne peuvent le refuser sans porter atteinte à la liberté des cultes, c'est-à-dire, sans violer l'art. 5 de la Charte.

L'art. 7 de cette loi, qui assigne aux ministres des cultes chrétiens un traitement sur le trésor de l'Etat, concourt encore à la démonstration de cette vérité, en prouvant que ces ministres remplissent des fonctions publiques ; et l'article 6, qui dispose que la religion catholique, apostholique et romaine est la religion de l'Etat, viendrait lui-même compléter cette preuve, s'il en était besoin.

Ainsi, la Charte à la main, on peut dire : La religion catholique, apostholique et romaine est la religion de l'Etat ; l'Etat paie les ministres de ce culte pour en exercer publiquement les offices ; tout Français doit professer librement sa religion, c'est-à-dire, suivant les expressions de l'art. 260 du Code pénal, qu'il ne peut être contraint de l'exercer lorsqu'il n'en a pas la volonté, et que rien ne doit l'arrêter quand il veut s'y livrer : alors les portes du temple doivent s'ouvrir à son approche; il doit trouver le sacrificateur à l'autel.

Tel est le véritable esprit de notre législation actuelle sur ce point.

Ce libre exercice du culte est l'une des propriétés les plus sacrées de l'homme en société, et les atteintes que l'on y porte sont autant d'attentats contre la paix publique, attentats punis par le Code pénal, art. 260 et 261, et qui, lorsqu'ils dégénèrent en oppression, en injure ou en scandale public, donnent lieu au pourvoi au Conseil d'État contre leur auteur (*art. 6 du Concordat de 1801*).

Vainement dirait-on que les prêtres devant eux-mêmes jouir de la liberté des cultes, ne peuvent être contraints de prêter leur ministère pour célébrer des actes que leur conscience réprouve.

On doit distinguer ici deux cas absolument différens. Il est certain que si, par quelque considération que ce soit, l'acte que l'on exige d'eux est contraire aux mœurs et aux règles ecclésiastiques, ils peuvent s'y refuser; ils le doivent peut-être même, pour prévenir le scandale qu'occasionnerait une trop grande condescendance de leur part, parce que l'intérêt de la religion, qu'ils sont plus spécialement que tout autre obligés de défendre, leur en fait un devoir.

Mais alors il existe des motifs ; ces motifs sont des causes légitimes du refus ; ce qui fait sentir l'objection de la thèse que l'on soutient, et dans laquelle on ne rencontre rien de semblable, puisqu'il est évident que Monsieur le Curé de Saint-Léonard ne peut appuyer son refus sur aucun motif.

Lorsque des difficultés de cette nature se rencontrent, l'ecclésiastique auquel elles se présentent doit les faire connaître. Si les parties intéressées ne partagent pas son sentiment, la hiérarchie de la discipline ecclésiastique indique l'autorité à laquelle on doit les soumettre, c'est à l'Evêque, sous la surveillance immédiate duquel ils exercent leurs fonctions (*art. 3o du Concordat de 1801*), et, lorsque l'on croit avoir à se plaindre de la décision de ce prélat, on s'adresse au Conseil d'État, devant lequel on se pourvoit comme d'abus (*art. 8 de la même loi*).

C'est aussi la marche indiquée par l'ordonnance du Roi, du 24 mars 1819, rendue en exécution de l'art. 8 de la loi du 18 germinal an 10, promulgative du Concordat de 1801.

Ainsi, et le Code pénal, et la Charte constitutionnelle, et le Concordat de 1801, et la loi du 18 germinal an 10, et l'ordonnance du Roi du 24 mars 1819, tout concourt à démontrer que les prêtres peuvent être contraints de prêter leur ministère pour l'exercice du culte, lorsqu'ils en sont légalement requis; car les causes qui peuvent légitimer leur refus sont des exceptions qui confirment la règle.

IIe PROPOSITION.

Monsieur le Curé de Saint-Léonard ne peut se dispenser de célébrer un service pour le repos de l'âme de M. Gabriel de Saint-Germain.

Avoir démontré que les prêtres ne peuvent pas arbitrairement refuser leur ministère, en général, c'est avoir prouvé déjà qu'ils ne peuvent refuser de célébrer un service funèbre, puisque cette cérémonie religieuse rentre dans la classe des actes qui ne peuvent être faits que par le ministère des ecclésiastiques; mais s'appuyant, dans cette partie de la discussion, sur les faits de la cause, on essaiera de démontrer cette nouvelle proposition d'après les principes religieux; on opposera la conduite de Monsieur le Curé de Saint-Léonard à celle de ses confrères, parallèle que l'on pourra facilement établir par l'autorité d'exemples connus. Quelques réflexions sur les funestes suites que pourrait avoir la doctrine dangereuse de l'ecclésiastique de Fougères termineront cet ouvrage.

Il serait inutile de répéter les faits, qu'on a été obligé de raconter plusieurs fois, en publiant toutes les pièces qui les constatent, parce que l'on voulait prouver que M. et M.elle de Saint-Germain ont été forcés, par la conduite de leurs adversaires, de donner à cette affaire un éclat qu'ils se sont tant efforcés de prévenir, afin d'éviter qu'on ne leur attribuât le scandale qu'elle peut occasionner.

On ne peut plus désormais révoquer en doute la maladie terrible qui a enlevé Gabriel de Saint-Germain à sa famille et à ses nombreux amis. M. le Curé de Saint-Léonard, sur-tout, ne peut ignorer cette maladie, dont il a été témoin comme tous les autres habitans de Fougères. S'il était permis de penser que, seul en cette ville, il en eût ignoré l'existence avant l'accès fatal, il est du moins de toute impossibilité qu'il n'en ait pas été convaincu par le témoignage de tous ses concitoyens, qui sont venus en masse la lui attester, et lui en raconter toutes les tristes circonstances.

Ainsi, sans insister davantage sur ce point désormais incontestable, et jusqu'à ce que l'on assigne une autre cause au refus que combattent M. et M.elle de Saint-Germain, qui n'en peuvent présumer aucune, on se croira autorisé à dire que la question, dans l'état actuel, se réduit à ces termes : *Celui qu'une mort accidentelle emporte peut-il être considéré comme un suicide, et peut-on comme tel, après sa mort, lui refuser les honneurs de l'église ?*

On ne craindra pas de le dire, si M. le Curé de Saint-Léonard était consulté sur cette question par toute autre personne que par les parens de Gabriel de Saint-Germain, sans hésiter il répondrait négativement, et s'il avait besoin de motiver cette opinion, appelant à son secours la raison, dont on connaît l'empire absolu, elle lui dirait qu'un homme dont l'esprit est aliéné n'est qu'une machine errant à l'aventure, sans projets comme sans intention, qui, ne pouvant se rendre compte de mouvemens irréfléchis, n'est responsable d'aucun d'eux. S'il porte un coup mortel à quelqu'un, on le considère comme un accident imprévu dont il n'est pas responsable. S'il se tue lui-même, ce n'est encore qu'un funeste évènement; ce n'est pas un crime, ce n'est pas un péché, car il n'avait l'intention de devenir ni criminel ni pécheur.

Invoquant ensuite les principes de la théologie, M. le Curé de Saint-Léonard répondrait avec plus de gravité peut-être :

Premièrement, que l'on ne peut refuser la sépulture ecclésiastique que dans deux cas, savoir : 1.° lorsque le défunt est mort en état d'excommunication ; 2.° lorsqu'au moment de son décès, il était en état d'interdiction nommément prononcée (*Dictionnaire des cas de conscience, v.° sépulture*).

Or, dirait-il, Gabriel de Saint-Germain ne se trouvant ni dans l'un ni dans l'autre de ces cas, il en résulte qu'on ne peut pas lui refuser la sépulture ecclésiastique.

Secondement, en France, le péché ne se présume pas, (*Pontas, ubi suprà*), c'est-à-dire que le péché doit être prouvé : or, comme rien ne prouve que celui qui se donne la mort, sans le vouloir, commet un péché, il en résulte encore que l'on ne peut lui refuser les honneurs de la sépulture.

Par exemple, ne manquerait pas sans doute de dire M. le Curé, le célèbre casuiste pose le cas suivant : « Lan- » dry, blasphémateur public, et connu pour tel depuis » plusieurs années, et même pour un concubinaire et un « ivrogne de profession, est mort subitement dans une » débauche de vin, sans avoir donné aucun signe de pé- » nitence. M. le Curé doit-il l'enterrer comme ceux qui » meurent en bons chrétiens? »

Pontas répond sans hésiter : « Il ne peut pas, de son » autorité privée, lui refuser la sépulture ecclésiastique; » ainsi, il doit consulter son Evêque, et se conformer à » ses ordres, et, *s'il ne peut les recevoir à tems, inhumer* » *Landry avec les cérémonies accoutumées* ».

Mais comme le cas proposé est infiniment plus hono- rable au défunt, qui n'était ni un ivrogne de profession, ni un blasphémateur public, ni sur-tout un concubinaire, comme, d'ailleurs, il n'était ni interdit ni excommunié, comme enfin il n'est pas prouvé qu'il se soit volontaire- ment donné la mort, et qu'il est de principe en France, ainsi que l'atteste Pontas, que le péché ne doit pas être supposé, par toutes ces considérations, on est forcé de convenir qu'on ne peut refuser au défunt les honneurs de la sépulture ecclésiastique, d'autant plus que ce refus pour- rait être scandaleux, et que l'on doit s'abstenir de toute chose de nature à produire du scandale (Pontas, v.° *scan- dale*).

Désirant étayer cette sage théorie d'une pratique cons- tante, on entendrait M. Gaultier citer des exemples sans nombre de *maniaques* emportés par leur *délire suicide*, auxquels cependant on n'a pu se dispenser de rendre les honneurs de la sépulture.

Il pourrait, entre mille autres, prendre les suivans, qui sont d'une telle notoriété qu'il n'est pas permis d'élever le plus léger doute à leur égard.

A Toulon, en 1804, le jour de la Fête-Dieu, le vénérable curé qui venait de porter le Saint-Sacrement à la cérémonie solennelle de ce jour, reçut une telle impression de l'ardeur excessive du soleil, que son cerveau en fut troublé. Il s'imagina que le sanglant héros de 93 le poursuivait. Il fuit, abandonne et sa cure et la ville; il court au fort Lamargue, appelle à cris précipités les marins du vaisseau le Formidable; il demande une embarcation; personne ne lui répond; il ne peut autrement se soustraire au fantôme hideux qui le poursuit qu'en se donnant la mort; il détache sa ceinture et se pend à un olivier...... Quelques instans après on l'aperçoit à cet arbre; le corps conserve encore un reste de chaleur; on espère, mais en vain : son âme était au ciel....

Le lendemain, tous ses paroissiens accompagnèrent tristement son convoi, qui fut orné de toute la pompe ecclésiastique.

En 1806, l'amiral Villeneuve revenant d'Angleterre, où il avait séjourné comme prisonnier de guerre, par suite de la fatale journée de Trafalgar, arrive à Rennes. L'idée d'une mort ignominieuse trouble son imagination; le désespoir l'emporte, et ne trouvant d'autre moyen de se soustraire à l'infamie qu'en renonçant à l'existence, il se tue...

D'abord, le clergé refuse d'assister à son inhumation; mais on démontra sans doute que la crainte du déshonneur était de nature à faire sur l'esprit de cet amiral une impression assez forte pour lui occasionner un accès de délire suicide; cette possibilité suffit aux théologiens, qui connaissent la maxime charitable qu'*en France, le péché ne doit pas être supposé*, et l'on voit, aux obsèques de l'amiral Villeneuve, se déployer toute la pompe funèbre de l'église, et le clergé rivaliser de zèle avec les autorités civiles et militaires, pour rendre à l'amiral les honneurs dus à son grade.

Le 3 janvier dernier, le respectable curé de Guillerval, paroisse voisine d'Etampes, se pend dans son cabinet. On reconnaît que sa mort est l'effet d'une fureur maniaque occasionnée par les tourmens que, dix jours auparavant, lui avaient fait éprouver trois malfaiteurs que la Cour d'assises de Versailles a depuis condamnés à la peine capitale, et ce curé est inhumé avec tous les honneurs de l'église.

Enfin, en juin dernier, un jeune homme en proie à la manie suicide arrive à Rennes; il y reste huit jours, au bout desquels il se brûle la cervelle. D'abord M. le curé de Toussaint lui refuse les honneurs de la sépulture. On fait connnaître à cet estimable pasteur la maladie du jeune homme; le certificat de quelques voisins suffit, et le clergé de Toussaint assiste à ses funérailles.

M. le Curé de Saint-Léonard pourrait sans doute trouver une foule d'autres autorités et d'autres exemples que sa mémoire et ses lumières pourraient facilement lui fournir; mais ceux-ci suffiront pour autoriser à lui dire que le refus opiniâtre qu'il fait de célébrer un service à la mémoire de Gabriel de Saint-Germain, se trouve en opposition manifeste avec les lois civiles, avec les règles ecclésiastiques, et avec l'usage constant de ses confrères, auxquels on ne peut pas supposer un zèle moins ardent que le sien pour la religion, la justice et la morale.

Si l'on ne craignait pas de le fatiguer par des exemples, qui sans doute n'ont rien d'attrayant pour lui, on pourrait, laissant reposer les morts dans leur froid et dernier asyle, invoquer encore, pour le convaincre de son erreur, lorsque, contre l'évidence, il semble persister à croire à la damnation de tous ceux qui, agissant sous l'influence insurmontable du délire exclusif, se précipitent au tombeau, on pourrait invoquer le témoignage de suicides vivans; et une foule de personnes pieuses, qui ont eu le bonheur de se soustraire aux suites funestes de cette terrible maladie, viendraient lui attester que, lorsqu'elles ont tenté de se détruire, elles agissaient sans savoir qu'elles offensaient le souverain Arbitre du monde.

Un ex-magistrat, homme d'une dévotion non suspecte, lui dirait par exemple que, lorsqu'en 1817, se croyant poursuivi par les fédérés qui le persécutaient, il se pendit à la porte d'une église, il ne croyait pas faire une action qui déplût au Dieu devant l'image duquel il se prosternait sans cesse, et auquel il venait de rendre des actions de grâces à l'instant même où il se serait étranglé à la porte du temple, si l'on n'était venu à tems pour couper le fatal cordon. Heureux si depuis sa santé rétablie lui permet de prier Dieu sans distraction.

Un ecclésiastique, car l'expérience prouve qu'ils sont sujets comme nous aux infirmités humaines, un prêtre distingué par une longue et honorable carrière viendrait, avec ses cheveux blancs, lui dire qu'il doit le reste de son existence au couteau qui coupa le cordon homicide qui allait lui ravir la lumière.

Un prélat même....., mais qu'importent tous ces tristes exemples ? M. le Curé doit être convaincu ou ne le sera jamais.

Qui pourrait, en effet, se persuader de la maladie du malheureux de Saint-Germain, s'il refusait d'ajouter foi aux certificats des médecins qui ont vu naître, se développer et finir cette funeste maladie, qu'ils ont étudiée et

traitée, dont ils ont connu tous les accès, et dont ils attestent avoir plus d'une fois prévenu les suites déplorables
en faisant surveiller le malade?

Qui pourrait le convaincre que la mort de Gabriel de
Saint-Germain est le résultat nécessaire de cette maladie,
s'il ne veut pas se rendre aux attestations de cette masse
imposante de propriétaires recommandables sous tant de
rapports, qui viennent certifier par écrit qu'ils ont été témoins des actes du délire qui a précédé, on peut dire
même accompagné la mort de cet infortuné?

Qui pourrait le convaincre de tous ces faits, enfin, si
la consultation dans laquelle trois docteurs justement esti-
més par leur moralité, leurs talens et leurs lumières, déclarent, en comparant la conduite du malade, la cause
de la maladie, et les circonstances de la mort, aux principes de leur art, déclarent qu'*on ne saurait, sans être
taxé de la plus absurde comme de la plus ridicule prévention*, se dispenser de reconnaître que Gabriel de Saint-
Germain fut en proie aux tourmens du délire suicide, et
que sa mort est le résultat de cette maladie cruelle?...

Si tous ces témoignages étaient insuffisans pour convaincre M. le Curé de Saint-Léonard, il faudrait dire
que l'esprit de ce prêtre est à l'abri des atteintes humaines,
ou que la prévention....... Mais non, M. le Curé de Saint-
Léonard n'est pas d'une nature particulière, et docile à la
voix de la raison, il l'entend comme nous; non sur-tout,
il ne s'est point abandonné à la prévention. Repoussons
plutôt cette idée, qui serait affligeante, et reconnaissons
avec lui que, comme tous ceux qui connaissent cette affaire, M. Gaultier est convaincu que la mort de Gabriel
ne peut être criminelle.

Mais alors, pourquoi refuse-t-il de célébrer un service
funèbre?

Pourquoi persiste-t-il dans ce refus outrageant pour la mémoire du défunt, humiliant pour la famille et scandaleux pour tous ceux qui le connaissent ?

C'est qu'il ne veut rien faire contre sa conscience et contre les règles de son ministère, répond-il.

Quelles sont donc les règles extraordinaires de ce sacré ministère qui l'obligent à la diffamation, à l'injustice, au scandale ?

Les prêtres de Fougères sont-ils astreints à suivre des règles particulières ?

Les théologiens enseignent par-tout, et, avant eux, la raison nous a dit qu'il n'y a point de crime sans intention. Si anciennement on punissait les suicides en traînant leur corps sous la claie, le visage contre terre, cette cérémonie barbare était toujours précédée d'une information sur les circonstances de la mort, parce que l'on ne pouvait confondre avec le suicide celui qu'une fièvre maligne, qu'une folie, qu'un délire avaient porté à se donner la mort.

Il était réservé à M. le curé de Saint-Léonard de confondre le crime et le malheur.

Les auteurs sacrés et tous les ecclésiastiques suivent une autre doctrine. Les exemples cités en sont autant de preuves irrécusables : M. le Curé de Saint-Germain, présidant le convoi funèbre de l'amiral Villeneuve en 1806, et M. le Curé de Toussaint, célébrant, au mois de juin dernier, l'enterrement du malheureux jeune homme dont on a raconté la mort, suivaient des règles différentes que celles qui sont imposées au Curé de Fougères.

Cependant, ils sont les ministres du même culte, comme ils sont les apôtres du même Dieu. Serait-il possible que Dieu eût à Fougères une volonté contraire à celle qu'il manifeste par-tout ailleurs ?......... Arrêtons-nous ici.

7.

Cette réflexion serait un blasphème : la conduite du Curé de Saint-Léonard n'a rien de commun avec la divinité.

Sa conscience, a-t-il dit, lui défend de célébrer un service à la mémoire de Gabriel de Saint-Germain.

Il serait difficile de se rendre raison du scrupule de Monsieur le Curé, auquel on pourrait demander si sa conscience timorée s'oppose aussi à ce qu'il fasse connaître sur quoi repose l'obstacle qu'il rencontre, car on a démontré, ce semble, que cet obstacle ne peut provenir du genre de mort qui a ravi la lumière à Gabriel de Saint-Germain.

M. le Curé aurait-il quelque raison particulière d'en vouloir au défunt?...

Non, cela n'est pas possible.... On ne doit pas croire, d'ailleurs, qu'un prêtre se servît de son autorité sacerdotale pour exercer, au nom sacré de Dieu, sur la froide dépouille de l'un de ses paroissiens, une vengeance particulière; ce serait une trop grande profanation de cette sainte autorité.

On doit avouer qu'on se sent pressé par besoin de s'excuser des efforts que l'on est obligé de faire pour découvrir une cause que la réticence du Curé couvre d'un voile impénétrable; mais la défense est un droit naturel, et quand la conscience ne reproche rien, et que cependant on est puni pour un crime que l'on ne connaît pas, tous les efforts que l'on fait pour découvrir la cause de la persécution sont légitimes. M. et Melle de Saint-Germain vont donc encore hasarder une conjecture.

Cette cause mystérieuse du refus d'inhumation ne proviendrait-elle pas de ce que le malheureux Gabriel ne fréquentait pas assez l'église de Saint-Léonard?

Cette hypothèse pourrait être plus spécieuse que les autres; car M. l'Evêque promit à M. de Saint-Germain de faire droit à sa demande, s'il apprenait que son frère eût été un homme pieux.

Ceci conduit à l'examen de la conscience du défunt. Ira-t-on dans le cimetière de Lecousse troubler la paix des tombeaux ? Soulèvera-t-on la pierre sous laquelle repose la froide dépouille de Gabriel, pour lui demander s'il assistait régulièrement aux offices ?

Mais sa bouche décharnée n'articule aucun son.... Quittons, quittons ce lieu que le respect environne ; courons au temple, adressons-nous au Ciel : l'âme de Saint-Germain nous répondra :

« Qu'avant sa maladie, il ne manquait jamais d'assister » aux offices ; que si depuis son infirmité il a cessé de fré- » quenter l'église de Saint-Léonard, c'est que son imagi- » nation délirante lui faisait concevoir du dégoût pour » cette église, dont il se représentait certain prêtre comme » coupable d'un fait qu'il croyait entendre répéter par- » tout ; mais qu'à chaque fois que ses affaires l'appelaient » dans une autre paroisse, il ne s'abstenait jamais d'en » fréquenter l'église ».

Qu'importe, au reste, pour le succès de la cause, que depuis sa maladie Gabriel de Saint-Germain ait ou n'ait pas fréquenté les églises ?

Celui qui n'est pas responsable de sa mort peut-il l'être d'une action infiniment moins grave ?

Celui qui ne sait pas pécher en se donnant la mort peut-il apprécier le péché qu'il commet en n'allant pas à la messe ?

Sa présence dans le temple d'ailleurs aurait pu troubler l'office divin, et devenir pour tous les assistans un objet de scandale. Ainsi, loin de lui en faire un crime, louons-le plutôt de n'y être pas allé ; louons sur-tout les sages personnes chargées de le surveiller, d'avoir détourné ses pas lorsqu'il les dirigeait vers un lieu consacré à de profondes méditations, au recueillement et à la ferveur.

Mais en supposant même, car il faut tout prévoir avec M. le Curé de Saint-Léonard, en supposant, contre la vérité connue, que le défunt ne fût pas maniaque avant l'accès fatal, et qu'il se soit abstenu sans motif d'assister aux offices, serait-ce donc là une cause suffisante pour lui refuser les honneurs de la sépulture?

Un homme, quelqu'impie qu'on le suppose, prenons pour exemple Landry, cité par Pontas, un blasphémateur public, un ivrogne de profession, un homme qui, publiquement connu pour un concubinaire, offense à la fois les mœurs et la religion, ne peut-il pas avoir un moment de repentir?.... La charité chrétienne et le respect que l'on doit avoir pour la Divinité font un devoir de ne pas douter de la miséricorde infinie du Créateur. Cet homme peut donc n'être pas pécheur à l'instant de la mort; il a pu obtenir la rémission des péchés antérieurement commis; il pouvait être innocent. Or, en France, le péché ni le crime ne doivent pas être supposés.

Et, fût-il mort dans une débauche, on n'aurait pu, même alors, lui refuser les honneurs de la sépulture. Ce terrible mystère ne serait donc pas une cause suffisante du refus qu'éprouvent M. et Mlle de Saint-Germain, et, sous aucun rapport, on ne peut justifier la conduite du Curé de Saint-Léonard.

Ainsi, sous quelque point de vue qu'on envisage les faits, il est impossible de les concilier avec la conduite du Curé de Saint-Léonard, dont le refus ne peut reposer que sur un caprice, ou sur on ne sait quel désir de ne pas reconnaître franchement une erreur qui est évidente pour tous ceux que son refus a scandalisés, et chez lesquels l'indignation succéderait au scandale, si ce prêtre persistait dans son refus arbitraire.

Faudra-t-il donc se familiariser avec l'idée subversive de toute morale religieuse, que libres dispensateurs des bienfaits du culte qu'ils administrent, les prêtres peuvent arbitrairement en priver tel ou tel citoyen ?

Dans notre religion, les caprices, l'entêtement ou l'orgueil des hommes qui nous parlent sans cesse au nom du Créateur, remplacent-ils la justice, cette vertu sublime, dont la nature a placé le principe dans tous les cœurs ?

Non. Indépendamment des lois qui obligent les ministres du culte à prêter leur ministère aux fidèles qui le réclament, l'intérêt même du culte qu'ils enseignent leur commande de n'en refuser l'accès à personne, et la prudence leur fait un devoir de ne pas accoutumer leurs paroissiens à se passer des honneurs de l'église, parce que les suites de cette habitude seraient le coup le plus funeste que l'on pût porter à la religion.

On engage M. le Curé de Saint-Léonard à réfléchir mûrement sur ces motifs d'une haute considération : il appréciera les raisons qui nous empêchent de leur donner de plus grands développemens.

Qu'il écoute enfin la voix de sa conscience, qui lui crie que si jusqu'à ce jour il a été dans l'erreur, il doit, abjurant toute faiblesse humaine, se montrer vraiment digne de la considération à laquelle il aspire, en rendant à la famille de Saint-Germain la justice qu'elle a droit d'en attendre.

Par toutes ces différentes considérations, M. et Melle de Saint-Germain ont l'honneur de conclure à ce que leur pourvoi soit admis, conformément à l'art. 8 de la loi du 18 germinal an 10, et qu'en exécution de l'art. 6 de la

même loi, il soit ordonné qu'un service funèbre sera cé-
lébré pour le repos de l'âme de Gabriel de Saint-Germain,
leur frère, dans l'église de Saint-Léonard de Fougères,
paroisse dans laquelle il est décédé.

Rennes, le 27 novembre 1820.

P. VIGNARD,
Avocat à la Cour royale de Rennes.

Le chevalier **DE SAINT-GERMAIN.**

Pour mademoiselle Olive DE SAINT-GERMAIN :

VIGNARD, *Avocat.*

P. S. Pour ôter à leurs adversaires tout prétexte de leur attribuer les suites de la publicité de cette affaire, M. et M.elle de Saint-
Germain, voulant exécuter la déclaration qu'ils ont faite à la page
28 de ce mémoire, de vouloir *que ceux contre lesquels ils agissent
soient les premiers instruits de toutes leurs démarches,* ont envoyé
un exemplaire de leur mémoire à M. l'Évêque, avec la lettre suivante :

Rennes, ce 27 novembre 1820.

MONSEIGNEUR,

*J'ai l'honneur de vous adresser, au nom de M. et de
Mademoiselle de Saint-Germain, le seul exemplaire connu
du mémoire qu'ils adressent à S. Exc. Monseigneur le
Ministre de l'intérieur, pour vous mettre à même d'en prévenir la publicité, si vous le jugez à propos.*

Comme leur but est d'obtenir justice, ils me chargent de vous déclarer qu'ils anéantiront cet écrit, si vous voulez la leur faire rendre.

Dans le cas contraire, et comme il ne leur resterait plus que ce moyen, ils ne balanceraient pas à le publier le 3o de ce mois, et à l'envoyer à son adresse.

Je suis, avec un profond respect,

MONSEIGNEUR,

Votre très-humble et très-obéissant serviteur,

VIGNARD, *Avocat.*

A RENNES, DE L'IMPRIMÉRIE DE COUSIN-DANELLE.